Erntezeit!

Verena Sangu
Mit Bildern von Katrin Kerbusch

Dieses Heft gehört:
_____

Hase und Igel®

Im Herbst sind die Trauben reif. Tauche deinen Finger in violette oder hellgrüne Farbe und mache in jeden Kreis einen Abdruck.

Verwende den Daumen für große Trauben, den Zeigefinger für mittelgroße und den kleinen Finger für kleine Trauben.

Schreibe deinen Namen auf eine Butterbrottüte. Schneide oben ein Stück ab und klebe sie auf die Seite. Welches Obst isst du am liebsten? Male die Früchte auf ein extra Blatt, schneide sie aus und stecke sie in die Tüte.

Was gehört zusammen? Verbinde die Frucht und die dazu passende Hälfte mit einer Linie. Male sie dann aus.

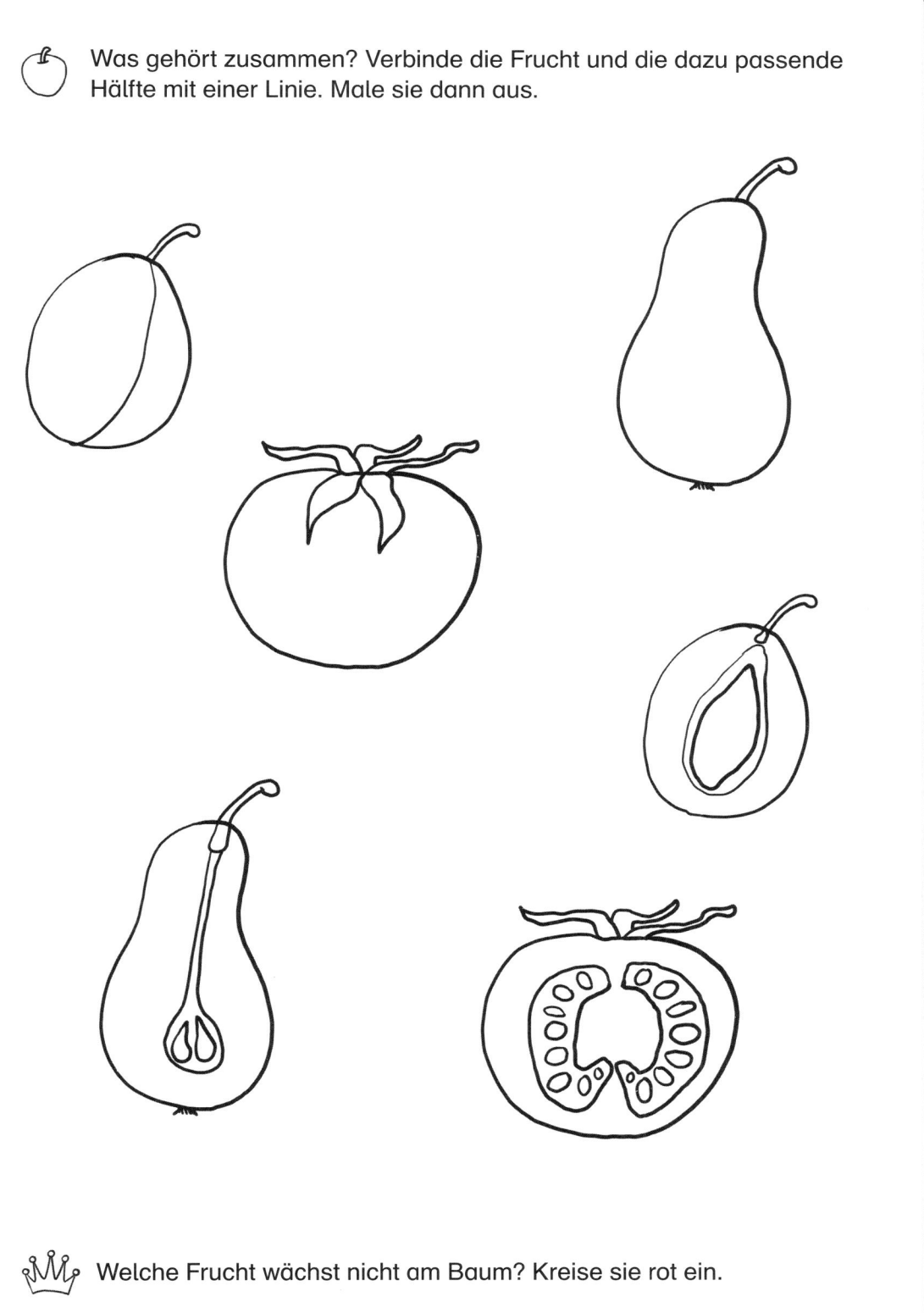

Welche Frucht wächst nicht am Baum? Kreise sie rot ein.

Was hat der Bauer auf dem Feld geerntet? Fülle den Sack mit weiteren Feldfrüchten.

Auf den Bildern siehst du, wie Mehl gemacht wird. Zeichne Pfeile vom ersten Bild zum nächsten und so weiter. Male die Bilder aus. In das leere Feld kannst du malen, was man mit Mehl backen kann.

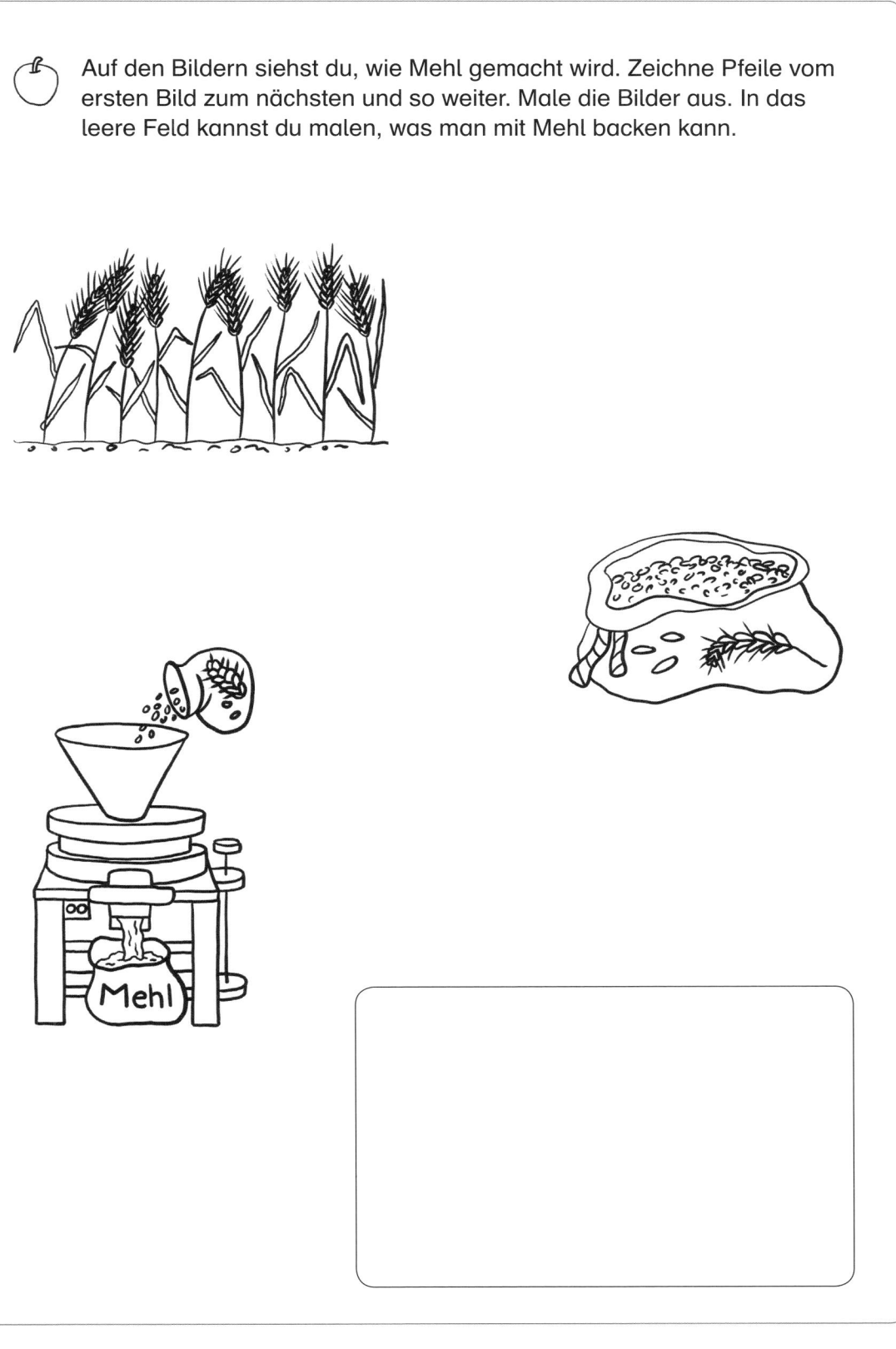

Das Gemüse im Garten ist reif. Der Gärtner will es ernten und auf dem Markt verkaufen. Male alle Pflanzen aus.

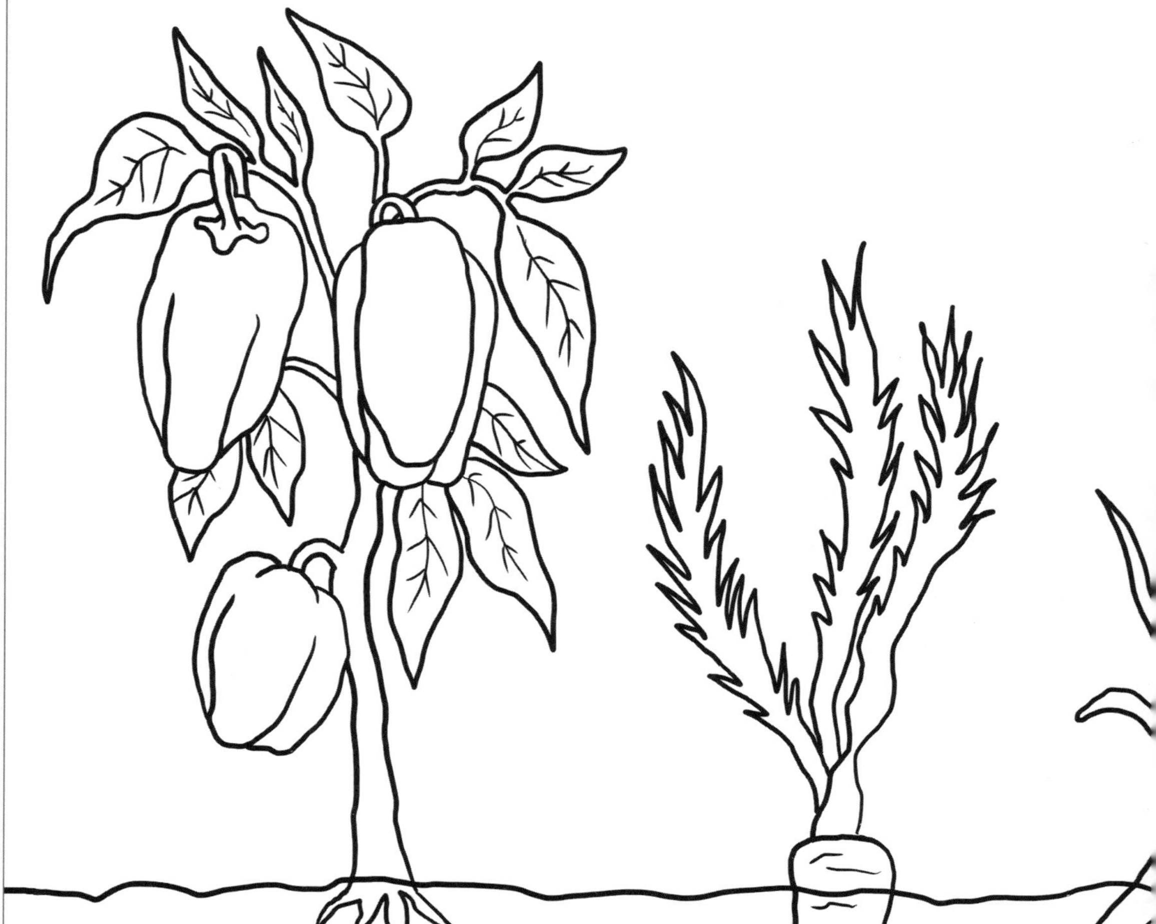

Erntezeit! © 2018 Hase und Igel Verlag GmbH, München

🍎 Male die Waren von der rechten Seite aus und schneide sie entlang der gestrichelten Linie aus. Klebe sie dann ins Regal.

♕ Das Regal ist noch nicht voll? Schneide Bilder aus Prospekten aus und klebe sie dazu.

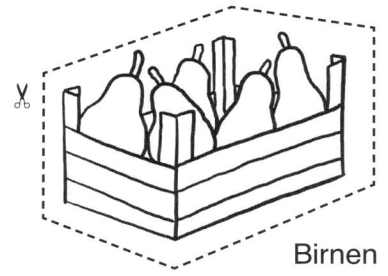
Birnen

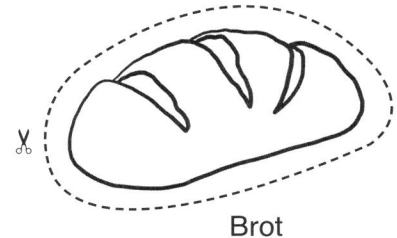
Brot

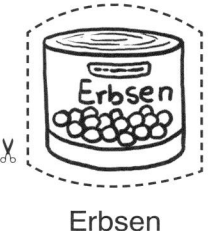
Erbsen

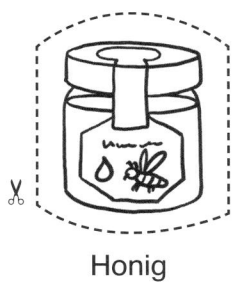
Honig

Apfelsaft

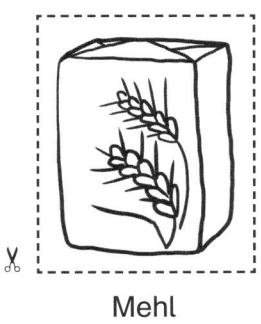
Mehl

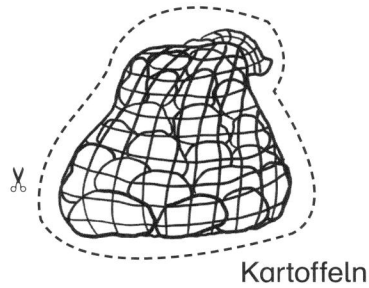
Kartoffeln

Was für ein großer Kürbis! Male ein lustiges oder gruseliges Gesicht darauf.

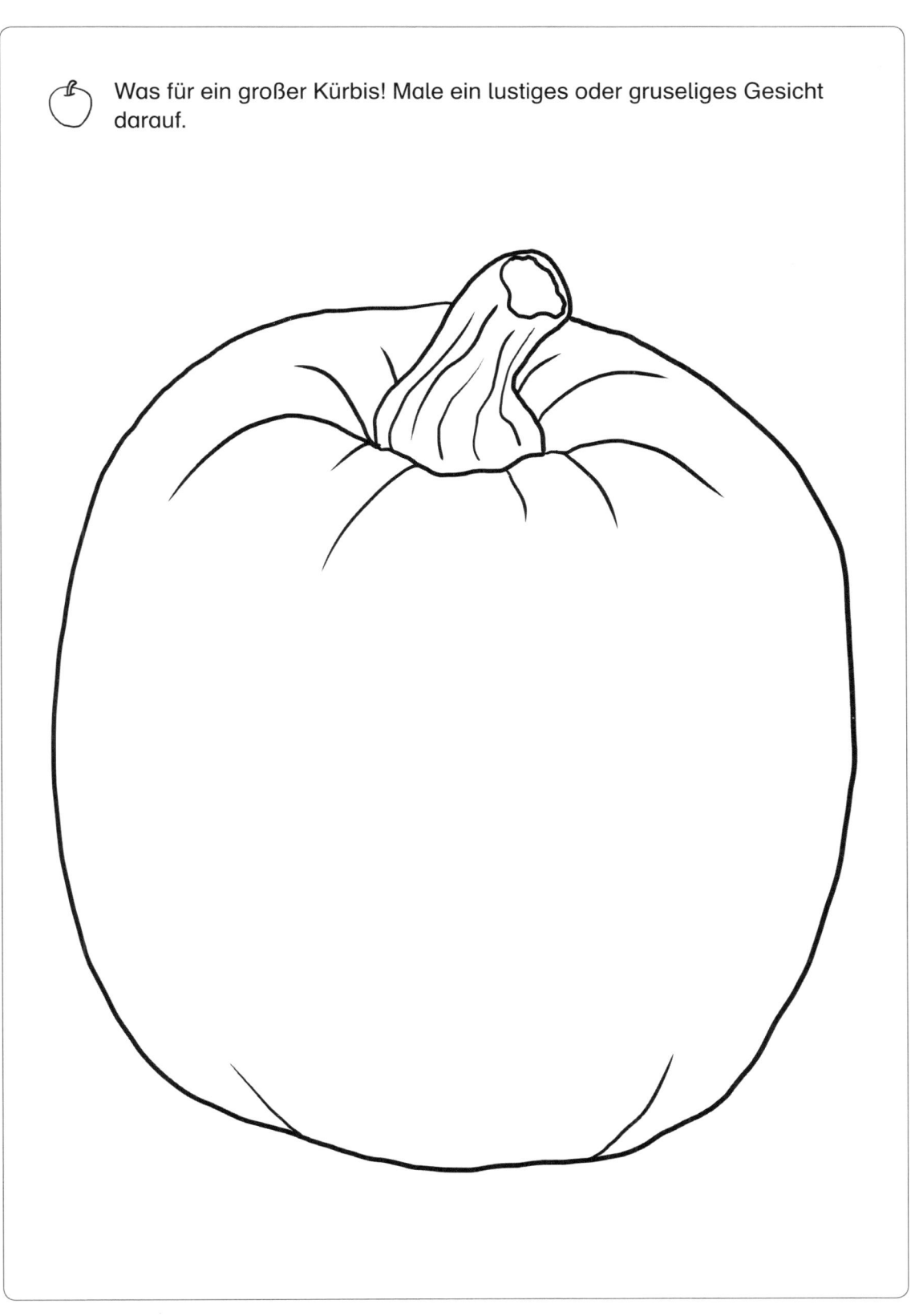

Wir danken für die Ernte! Fahre die Buchstaben nach und male das Bild aus.

DANKE!

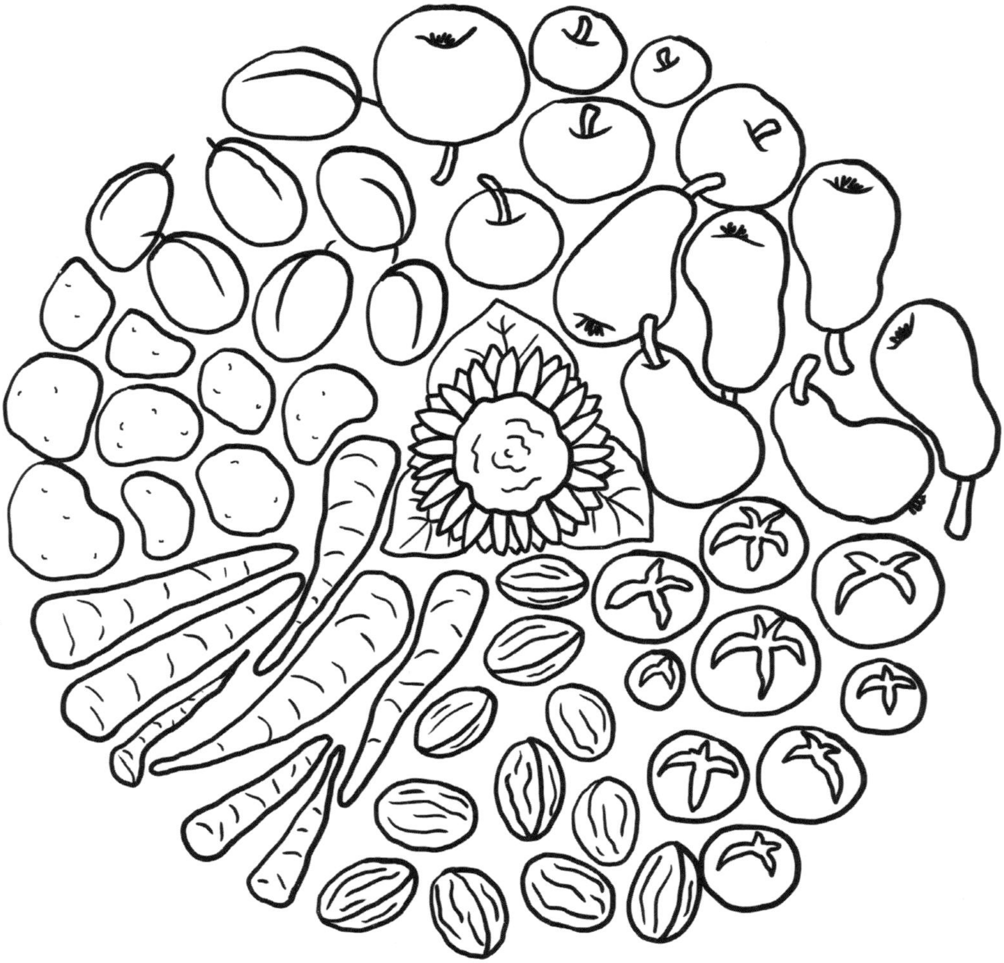

Für das Erntedankfest wurde eine Krone aus Getreide gebunden. Male sie gelb aus und schmücke sie mit Blumen. Klebe dann noch bunte Bänder und Schleifen daran.

Du kannst schmale Krepppapierstreifen oder Geschenkband verwenden.

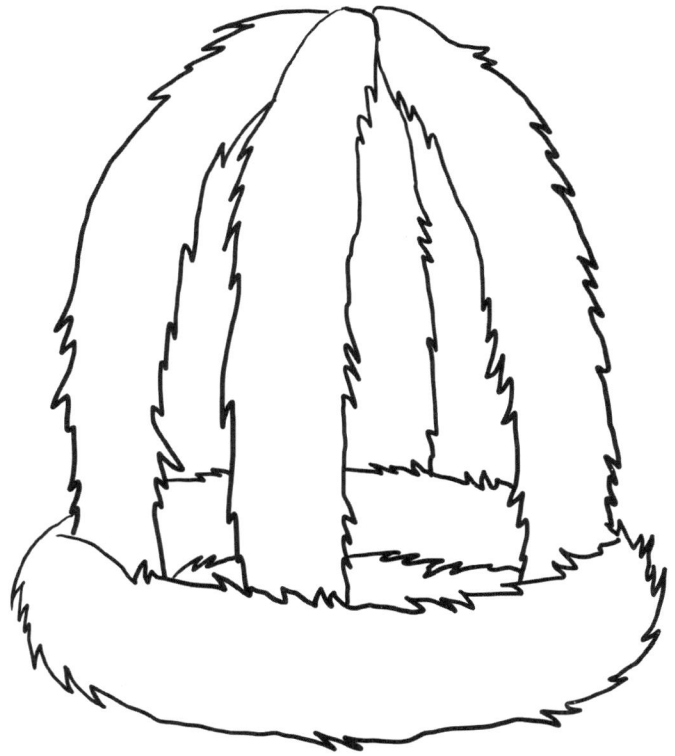

Wissen für Kinder

Im Herbst sind viele Obst-, Gemüse- und Getreidesorten reif und können auf den Feldern, von Bäumen oder im Garten geerntet werden: Hierzu gehören Äpfel, Birnen, Nüsse, Pilze, Kartoffeln, Karotten, Kürbisse, Weizen, Mais und vieles mehr. Ein großer Teil der Ernte wird dann auf Märkten oder in Lebensmittelgeschäften zum Verkauf angeboten. Manche Dinge werden zuvor weiterverarbeitet, zum Beispiel das Getreide zu Mehl. Oder sie werden haltbar gemacht, indem man sie einkocht, einfriert oder in Konservendosen gibt.
An vielen Orten findet im Herbst ein Erntedankfest mit Umzügen und Gottesdiensten statt. Hierbei danken die Menschen für die gute Ernte und dafür, dass sie etwas zu essen haben.

© 2018 Hase und Igel Verlag GmbH, München
www.hase-und-igel.de
Lektorat: Patrik Eis
Satz: Appel Grafik München GmbH
Druck: Joh. Walch GmbH & Co. KG, Augsburg

ISBN 978-3-86760-291-4
1. Auflage 2018